SOMMAIRE

I. PRESENTATION DE L'ECOLE

L'ENA est l'une des plus anciennes institutions de formation du Sénégal. Héritière de l'Ecole fédérale d'Administration du Mali (EFAM) créée en 1959, elle a connu plusieurs métamorphoses :

- En 1960, l'EFAM disparaît pour céder la place à l'Ecole nationale d'Administration du Sénégal suite à l'éclatement de la Fédération du Mali qui comprenait le Soudan de Modibo KEITA et le Sénégal de Léopold Sédar SENGHOR ;

- En 1975, l'Ecole nationale d'Administration du Sénégal voit la création d'une Division judiciaire qui assure la formation des magistrats. La nouvelle dénomination devient Ecole nationale d'Administration et de Magistrature (ENAM) ;

- Dès 1992, l'ENAM s'élargit une nouvelle fois et accueille le Centre de Formation et de Perfectionnement administratif (CFPA), qui formait des cadres moyens de l'administration ;

- L'année 1995 marque une nouvelle orientation de la mission de l'établissement, avec notamment, la séparation des missions administratives des missions judiciaires. Cette refondation se matérialise par l'éclatement de l'ENAM en deux écoles distinctes : d'un côté, l'Ecole nationale d'Administration qui assure uniquement la formation des cadres destinés à l'Administration, et de l'autre, le Centre de Formation judiciaire(CFJ) qui devait dès lors, assurer la formation du personnel judiciaire (magistrats et greffiers);

- En 2011, l'ENA obtient le statut d'établissement public à caractère administratif à la faveur du décret 2011-1704 du 6 octobre 2011.

L'ENA reste l'institution de référence pourvoyeuse de ressources humaines de qualité à la haute Fonction publique du Sénégal. Elle offre ainsi une formation dans sept (7) filières et treize (13) corps de métiers. Les

AVANT-PROPOS

L'idée de cet ouvrage est née du constat que beaucoup de candidats désirant se présenter au concours de l'Ecole nationale d'Administration (E.N.A), n'avaient que peu d'informations sur le contenu des épreuves et les techniques pratiques pour aborder avec une bonne préparation, un concours qui a la réputation d'être très sélectif. Par ailleurs, étant nous-même élève dans cette école et à l'image de tous les camarades, nous sommes très souvent approchés par des candidats à la quête du moindre renseignement sur le concours. A tous ces candidats, nous voulons donner une petite présentation de ce qui les attend, concrètement et leur donner quelques conseils sur des techniques de préparation pour augmenter leurs chances le jour J.

Cet ouvrage, qui est plus un document indicatif, n'a nullement pour ambition de remplacer ni de compléter ce que d'éminents formateurs et praticiens ont déjà fort bien enseigné. L'objectif visé est de tirer de ces enseignements et écrits, quelques aspects importants lesquels, rapportés à mes expériences encore balbutiantes, pourraient permettre à un candidat curieux, d'avoir un petit aperçu sur le travail de préparation qu'il lui faudra effectuer pour passer le concours.

Enfin, à tous ces candidats qui sont pleins de volonté et qui veulent intégrer la prestigieuse école des hauts fonctionnaires de l'Etat, nous vous souhaitons surtout une bonne préparation, avec beaucoup de méthode et d'abnégation !

BONNE CHANCE !

DEDICACES

A mon épouse ;

Et à mon fils.

candidats admis aux concours acquièrent la qualité d'élèves de l'Ecole nationale d'Administration : les élèves issus des concours directs du cycle A et B sont respectivement assimilés à des administrateurs civils stagiaires et secrétaires d'administration stagiaires et les élèves issus des concours professionnels, sont mis en position de stage pour la durée de leur formation.

La durée de la formation initiale est de vingt-quatre mois (24) et les études comprennent des cours communs mais également, des enseignements spécifiques à chaque section.

II. PRESENTATION DES FILIERES DE FORMATION DE L'ENA

Comme dit plus haut, l'ENA assure la formation initiale des cadres supérieurs de la hiérarchie A 1 (Master II) et moyens de la hiérarchie B 1 (Baccalauréat) de l'Administration, dans les sept **(07)** filières suivantes :

- **Administration générale** : le cycle A assure la formation des Administrateurs civils et le cycle B forme des Secrétaires d'Administration.

- **Diplomatie** : le cycle A assure la formation des Conseillers des Affaires étrangères et le cycle B forme des Chanceliers des Affaires étrangères.

- **Travail et Sécurité sociale** : le cycle A assure la formation des Inspecteurs du travail et le cycle B forme des Contrôleurs du travail.

- **Enquêtes économiques** : le cycle A assure la formation des Commissaires aux enquêtes économiques et le cycle B forme des Contrôleurs du contrôle économique.

- **Impôts et Domaines** : le cycle A assure la formation des Inspecteurs des Impôts et Domaines et le cycle B forme des Contrôleurs des Impôts et Domaines.

- **Trésor** : le cycle A assure la formation des Inspecteurs du Trésor et le cycle B forme des Contrôleurs du Trésor.

- **Douanes** : Pour cette section, l'ENA ne forme que des agents du cycle A que sont les Inspecteurs des Douanes. Le reste des agents est formé par un autre concours organisé par l'Ecole des Douanes.

Outre cette <u>formation initiale</u>, l'ENA offre une <u>formation continue</u> qui permet aux cadres de l'Administration de se perfectionner dans les différents domaines liés au management, aux finances et, de manière générale, à l'Action publique.

La formation continue se renforce et se modernise, en offrant des choix variés dans des domaines de pointe telles que :

- La fiscalité ;
- Le management et la régulation des marchés publics ;
- La gestion foncière ;
- Les finances publiques ;
- etc.

III. LES CONDITIONS D'ACCES

Elles sont fixées par le décret n° 2011-1704 du 06 octobre 2011 portant création de l'Ecole nationale d'Administration (ENA) et fixant ses règles d'organisation et de fonctionnement, modifié par le décret n° 2018-1907 du 09 octobre 2018.

A la lecture combinée des deux décrets, il faut distinguer, non seulement les conditions d'accès des candidats du cycle B de celles du cycle A, mais également les conditions d'accès des candidats au concours direct de celles des candidats aux concours professionnels.

Il est important de rappeler que, pour pouvoir faire acte de candidature au concours direct, les personnes intéressées doivent être titulaire, selon le cycle :

- D'un diplôme de **Master 2**, pour les candidats au cycle A
- D'un diplôme de **baccalauréat** pour les candidats au cycle B

NB : le dépôt sous-réserve de l'obtention du diplôme n'est pas autorisé. Il faut donc avoir obtenu son diplôme (baccalauréat ou Master 2 complet) au moment du dépôt de son dossier de candidature.

A. POUR LES CONCOURS DIRECTS (A ET B)

1. Les conditions d'accès pour le concours direct du cycle A

Le concours direct du cycle A est ouvert aux candidats :

- ✓ Titulaires au moins d'un diplôme de Master 2 ou d'un diplôme classé au moins à la hiérarchie A3, par le ministre chargé de la Fonction publique ;
- ✓ Etre âgés de 18 ans au moins et de 33 ans au plus au 1^{ier} janvier de l'année du concours, sans préjudice des conditions d'âge prévues par la loi n° 61-33 du 13 juin 1961 ou la loi n° 2011-08 du 30 mars 2011, selon le cas.

Le dossier de candidature au concours direct du cycle A comprend :

- Une photo d'identité récente avec, au verso, le (s) prénom (s) et nom du candidat ;
- une fiche de renseignements fournie par l'école, dûment remplie et signée par le candidat ;
- une demande manuscrite adressée au Directeur général de l'ENA, établie sur papier libre, datée et signée par le candidat ;
- une photocopie légalisée de la carte nationale d'identité ;
- une copie certifiée conforme du diplôme requis ou de l'attestation de réussite en cours de validité ;
- un certificat de nationalité sénégalaise, le candidat ayant acquis la nationalité sénégalaise par décision de l'autorité publique depuis moins de cinq ans devant en fournir la preuve ;
- un extrait de casier judiciaire, bulletin n° 3, datant de moins de trois mois ;

- un certificat de visite et de contre visite médicales délivré par les autorités compétentes, datant de moins de trois mois, indiquant que l'intéressé est apte au service administratif, et qu'il est indemne de toute affection ouvrant droit à congé de longue durée ;
- une quittance de paiement des frais d'inscription ;
- une enveloppe timbrée portant l'adresse exacte du candidat.

2. Les conditions d'accès pour le concours direct du cycle B

Le concours direct du cycle B est ouvert aux candidats :

- ✓ Titulaires d'un baccalauréat datant de 3 ans au maximum,
- ✓ Agés de 18 ans au moins et de 33 ans au plus à la date d'ouverture du concours, sans préjudice des conditions d'âge prévues pour la nomination par les lois n° 61-33 du 15 juin 1961 ou n° 2011-88 du 30 mars 2011, selon le cas.

Le dossier de candidature au concours direct du cycle B comprend :

- Une photo d'identité récente avec, au verso, le (s) prénom (s) et nom du candidat ;
- une fiche de renseignements fournie par l'école, dûment remplie et signée par le candidat ;
- une demande manuscrite adressée au Directeur général de l'ENA, établie sur papier libre, datée et signée par le candidat ;
- une photocopie légalisée de la carte nationale d'identité ;
- une copie certifiée conforme du diplôme requis ou de l'attestation de réussite en cours de validité ;
- un certificat de nationalité sénégalaise, le candidat ayant acquis la nationalité sénégalaise par décision de l'autorité publique depuis moins de cinq ans devant en fournir la preuve ;
- un extrait de casier judiciaire, bulletin n° 3, datant de moins de trois mois ;

- un certificat de visite et de contre visite médicales délivré par les autorités compétentes, datant de moins de trois mois, indiquant que l'intéressé est apte au service administratif, et qu'il est indemne de toute affection ouvrant droit à congé de longue durée ;
- une quittance de paiement des frais d'inscription ;
- une enveloppe timbrée portant l'adresse exacte du candidat.

B. POUR LES CONCOURS PROFESSIONNELS (A ET B)

Les concours professionnels sont ouverts par cycle et par section. Il n'est organisé, au plus, qu'un concours professionnel par cycle et par section et par an.

1. Les conditions d'accès pour les concours professionnels du cycle A

Les concours professionnels du cycle A sont ouverts :

- ✓ Aux agents de l'Etat et des collectivités locales appartenant à la hiérarchie B au moins ;
- ✓ aux agents de l'Etat membres des Forces armées, titulaires d'un diplôme classé au moins à la hiérarchie B, par le ministre chargé de la Fonction publique ;
- ✓ aux agents du secteur parapublic exerçant un emploi dont le diplôme requis pour y accéder, est reconnu et classé au moins à la hiérarchie B, par le ministre chargé de la Fonction publique.

Les agents susvisés doivent être âgés de 53 ans au plus à la date d'ouverture du concours sans préjudice de la condition d'âge prévue par le décret n° 69-179 du 18 février 1969, modifié et totaliser au moins <u>cinq années</u> de services effectifs après leur titularisation dans le corps d'appartenance au moment de leur candidature.

Le dossier de candidature aux concours professionnels du cycle A comprend :

- Une photo d'identité récente avec, au verso, le (s) prénom (s) et le nom du candidat ;
- une fiche de renseignements fournie par l'école, dûment remplie et signée par le candidat ;
- une demande manuscrite sur papier libre, adressée au Directeur général de l'ENA, datée et signée par le candidat, précisant la section choisie ;
- une photocopie légalisée de la carte nationale d'identité ;
- un curriculum vitae actualisé, daté et signé ;
- un certificat administratif signé par l'autorité investie du pouvoir de gestion du candidat, mentionnant le matricule, la hiérarchie, le grade et l'ancienneté de ce dernier dans la Fonction publique ;
- un acte de nomination dans le corps d'appartenance du candidat ;
- une quittance de paiement des frais d'inscription ;
- une enveloppe timbrée portant l'adresse exacte du candidat.

NB : Le dossier de candidature est transmis par la voie hiérarchique.

IMPORTANT

L'admission, en formation initiale, des agents de l'Etat membres des Forces armées, des agents des collectivités territoriales et du secteur parapublic exerçant un emploi dont le diplôme requis pour y accéder est reconnu et classé au moins à la hiérarchie B par le Ministère chargé de la Fonction publique, est établie sur la base d'un accord spécifique avec l'ENA, approuvé par le Conseil d'Administration, après avis du Conseil d'Orientation scientifique et scientifique de l'établissement.

Les intéressés sont sélectionnés par une commission interne mise en place par décision du Directeur général de l'ENA, après examen de leur dossier transmis par l'employeur ou par l'autorité compétente. Cette dernière formule une demande expresse assortie d'un engagement à réintégrer et à reclasser

---

ses agents, en cas de succès au terme de leur formation.

2. Les conditions d'accès pour les concours professionnels du cycle B

Des concours professionnels du cycle B sont ouverts par section :

- ✓ Aux agents de l'Etat, et des collectivités locales appartenant à la hiérarchie B ou C au moment de leur candidature ;
- ✓ aux membres des Forces armées, titulaires d'un diplôme classé à la hiérarchie B ou C par le Ministre chargé de la Fonction publique ;
- ✓ aux agents non fonctionnaires de l'Etat, des collectivités locales et du secteur parapublic tenant un emploi dont le diplôme requis pour y accéder est classé à la hiérarchie B ou C, par le Ministre chargé de la Fonction publique.

Les personnels susvisés doivent, au plus, être âgés de 53 ans à la date d'ouverture des concours sans préjudice de la condition d'âge prévue par le décret n° 69- 179 du 18 février 1969, modifié et avoir au moins <u>quatre années</u> de services effectifs dans les hiérarchies considérées au moment de leur candidature.

L'admission, en formation initiale, des agents des collectivités territoriales du secteur parapublic exerçant un emploi dont le diplôme requis pour y accéder est reconnu et classé au moins à la hiérarchie B, par le Ministère chargé de la Fonction publique, est établie sur la base d'un accord spécifique avec l'ENA, approuvé par le Conseil d'Administration, après avis du Conseil d'Orientation pédagogique et scientifique de l'établissement.

Les intéressés sont sélectionnés par une commission interne mise en place par décision du Directeur général de l'ENA, après examen de leur dossier transmis par l'employeur.

Ce dernier formule une demande expresse assortie d'un engagement à réintégrer et à reclasser ses agents, en cas de succès au terme de leur formation ».

Le dossier de candidature aux concours professionnels du cycle B comprend :

- Une photo d'identité récente avec, au verso, le (s) prénom (s) et le nom du candidat ;
- une fiche de renseignements fournie par l'école, dûment remplie et signée par le candidat ;
- une demande manuscrite sur papier libre, adressée au Directeur général de l'ENA, datée et signée par le candidat, précisant la section choisie ;
- une photocopie légalisée de la carte nationale d'identité ;
- un curriculum vitae actualisé, daté et signé ;
- un certificat administratif signé par l'autorité investie du pouvoir de gestion du candidat, mentionnant le matricule, la hiérarchie, le grade et l'ancienneté de ce dernier dans la Fonction publique ;
- un acte de nomination dans le corps d'appartenance du candidat ;
- une quittance de paiement des frais d'inscription ;
- une enveloppe timbrée portant l'adresse exacte du candidat.

NB : Le dossier de candidature est transmis par la voie hiérarchique.

ATTENTION ! Une formation initiale du combattant spéciale (FIC) peut parfois être organisée par l'Ecole. Le cas échéant, tous les élèves admis au concours sont tenus d'effectuer ce stage militaire de trois semaines, sous réserve d'une visite médicale spécialement organisée par la Direction de l'ENA, en collaboration avec le Ministère des Forces armées.

Le stage militaire se déroule au cours de la formation. Les élèves du cycle A font leur stage militaire au sein de l'Ecole nationale des Officiers d'Active (ENOA) de Thiès, ceux du Cycle B effectuent leur stage militaire à l'Ecole nationale des Sous-officiers d'Active (ENSOA) de Kaolack.

<u>Objectifs du stage</u> :

- Fournir à l'Administration sénégalaise des agents imbus des valeurs républicaines à l'image du personnel militaire ;
- Découvrir le monde militaire ;
- Appropriation des valeurs militaires : discipline, sacrifice, patriotisme devoir, exigence, endurance
- Préparer le fonctionnaire à servir son pays dans des conditions si difficiles soient-elles

NB : Même si le terme <u>militaire</u> peut décourager certains, il ne faut pas s'alarmer. En effet, il ne s'agit pas d'une formation dédiée à des futurs hommes du rang aguerris aux épreuves physiques de très haut niveau. Loin de là, il s'agit pour la plupart du temps, d'un agenda journalier du stagiaire pouvant être scindé en plusieurs temps :

- ✓ Sport

- ✓ Cours
- ✓ Apprentissage de certains aspects de la vie militaire : entraînement au champ de tir, apprendre à défiler, savoir bien porter la tenue, apprendre à bien saluer lors de cérémonies militaires
- ✓ Corvées journalières
- ✓ Activités de groupe
- ✓ Apprentissage de chants militaires

<u>MAIS</u> : toute formation militaire a aussi ses petits secrets que doit ignorer le néophyte et réservés au seul initié ! Je vous laisse réussir le concours pour avoir la chance de découvrir ces secrets !

IV. LES DIFFERENTES EPREUVES AUX CONCOURS D'ENTREE

Les épreuves sont différentes selon que l'on soit candidat au cycle A ou au cycle B, mais aussi selon que l'on soit candidat au concours direct ou à un des concours professionnels. Le candidat avisé doit donc se renseigner au préalable sur les spécifiques à chaque cycle et à chaque concours.

L'épreuve des tests psychotechniques ne concerne que les candidats du concours direct et constitue l'épreuve de présélection, donc la première épreuve à passer. Par conséquent, il est donc conseillé aux candidats d'axer leur préparation sur cette épreuve, en traitant le maximum de tests psychotechniques, téléchargeables sur internet.

L'épreuve de note de synthèse par contre ne concerne que les candidats au cycle A (direct comme professionnels). Elle est avec l'épreuve d'entretien avec le jury, les deux épreuves d'admission qu'auront à traiter tous les candidats du cycle A (directs et professionnels).

A. POUR LES CONCOURS DIRECTS (A ET B)

1. Les épreuves de concours direct du cycle A

Les épreuves du concours direct du cycle A comprennent : <u>une épreuve de présélection</u>, <u>deux épreuves d'admissibilité</u> et <u>deux épreuves d'admission</u>.

- **L'épreuve de présélection consiste en :**
  - o Un test psychotechnique d'une durée maximale de deux heures.
- **Les épreuves d'admissibilité consistent en :**
  - o Une épreuve de dissertation de culture générale sur un sujet de culture générale choisi dans le programme listé par un deuxième arrêté spécifique suivant l'arrêté d'ouverture du concours, ; durée : 04 heures ; (coefficient 1) ;
  - o une épreuve de dissertation de droit public/ ou d'économie politique /ou de gestion publique (**AU CHOIX DU CANDIDAT**) ; durée : 04 heures ; (coefficient 2) ;
- **Les épreuves d'admission sont :**
  - o Une épreuve de note de synthèse ; durée : 04 heures ; (coefficient : 2) ;
  - o un entretien avec le jury, portant sur un sujet tiré au sort relatif à l'une des matières d'admissibilité. Cet entretien vise à apprécier les

connaissances du candidat, sa motivation, sa psychologie et son comportement. Cette épreuve comprend une préparation de 30 mn, suivie d'un exposé de 10 minutes, puis d'une discussion de 15 minutes ; (coefficient : 3).

<table>
<tr><td>

A RETENIR : le nouveau décret n° 2018-1907 du 09 octobre 2018 a supprimé l'obligation de traiter une épreuve de dissertation de droit public. Maintenant, le candidat a le choix entre trois épreuves : le droit public, la gestion publique ou l'économie politique.

Pour savoir ce à quoi se rapportent les notions de « gestion publique » et « économie politique », le candidat est invité à se documenter en conséquence sur internet.

</td></tr>
</table>

2. Les épreuves de concours direct du cycle B

Les épreuves du concours direct du cycle B comprennent <u>une épreuve de présélection</u>, <u>deux épreuves d'admissibilité</u> et <u>une épreuve d'admission</u>.

- ➢ **L'épreuve de présélection consiste en :**
  - o Un test psychotechnique d'une durée maximale de deux heures.
- ➢ **Les épreuves d'admissibilité consistent en :**
  - o Un résumé de texte portant sur un sujet de culture générale ; durée : 04 heures ; (coefficient : 4) ;
- ➢ une dissertation portant sur un sujet de culture générale choisi dans le programme délimité par l'arrêté fixant l'ouverture du concours, durée : 04 heures ; (coefficient : 3) ;
- ➢ **L'épreuve d'admission consiste en** :
  - o Un entretien avec le jury portant sur un sujet de culture générale tiré au sort. Elle vise à apprécier les connaissances et les traits de la personnalité du candidat liés à sa psychologie, son comportement et sa motivation. Elle comprend une préparation de 30 minutes, suivie d'un exposé de 10 minutes, puis d'une discussion de 15 minutes ; (coefficient : 3).

B. POUR LES CONCOURS PROFESSIONNELS (A ET B)

1. Les épreuves des concours professionnels du cycle A

Les épreuves des concours professionnels du cycle A comprennent <u>trois épreuves d'admissibilité</u> et <u>deux épreuves d'admission</u> :

- ➢ **Les épreuves d'admissibilité consistent en :**
  - o Une épreuve de culture générale ; durée : 04 heures ; (coefficient : 1) ;
  - o une épreuve de dissertation de droit public/ ou d'économie politique / ou de gestion publique (**AU CHOIX DU CANDIDAT**) ; durée : 04 heures ; (coefficient 1) ;
  - o une épreuve portant sur une matière de section ; durée : 4 heures ; (coefficient : 2).
- ➢ **Les épreuves d'admission consistent en :**
  - o Une note de synthèse portant sur une deuxième matière de section ; durée : 4 heures ; (coefficient : 2) ;
  - o un entretien avec le jury portant sur un sujet tiré au sort relatif à l'une des matières d'admissibilité. Cet entretien vise à apprécier les connaissances du candidat, sa motivation, sa psychologie et son comportement. Cette épreuve comprend une préparation de 30 mn, suivie d'un exposé de 10 minutes, puis d'une discussion de 15 minutes ; (coefficient : 3).

2. Les épreuves des concours professionnels du cycle B

Les épreuves des concours professionnels du cycle B comprennent <u>trois épreuves d'admissibilité</u> et <u>deux épreuves d'admission</u>.

➢ **Les épreuves d'admissibilité consistent en :**
- o Une dissertation portant sur un sujet de culture générale ; durée: 4 heures; (coefficient:2);
- o une épreuve portant sur un sujet de droit public ou d'économie politique; durée : 4 heures ; (coefficient : 2) ;
- o une épreuve de section ; durée : 4 heures ; (coefficient : 3).

➢ **L'épreuve d'admission consiste en** :
- o Un entretien avec le jury, portant sur un sujet tiré au sort. Elle vise à apprécier les connaissances et les traits de la personnalité du candidat liés à sa psychologie, à son comportement et à sa motivation. Elle comprend une préparation de 30 minutes, suivie d'un exposé de 10 minutes, puis d'une discussion de 15 minutes ; (coefficient : 3).

A RETENIR : Pour les concours professionnels (A et B), les épreuves d'admissibilité comportent une **épreuve dite de section**. Il faut comprendre par-là que lors du dépôt de sa candidature, notamment dans sa lettre de demande, le candidat est tenu de spécifier la section pour laquelle il voudrait concourir. A la différence des candidats des concours directs qui n'ont pas le choix, ceux des cycles professionnels doivent opter en amont, et c'est justement sur le choix que chaque candidat professionnel aura fait, que l'épreuve de dissertation portera. EXEMPLE : si en tant que candidat, j'avais déclaré déposer ma candidature pour la section diplomatie, je ne réviserais que des documents portant sur la diplomatie, car le jour du concours, le sujet qui me sera proposé ne portera que sur cela.

A RETENIR : Les candidats aux différents concours professionnels ne font pas l'épreuve de présélection (tests psychotechniques).

A SAVOIR :

- Aucun candidat ne peut se présenter plus de trois fois aux concours d'entrée à l'Ecole nationale d'Administration. (**Art. 33**)

- Toute note inférieure ou égale à 08/20, obtenue lors d'une épreuve des concours, est éliminatoire. (**Art. 38**)

  Un candidat n'est déclaré admissible que s'il a obtenu une moyenne générale au moins égale à 10/20.

- Les copies des candidats, lors des épreuves écrites, sont anonymes. Chaque copie est notée par deux correcteurs choisis parmi les membres du jury. (**Art. 37**).

V. LES EPREUVES EN DETAILS

Nous verrons ici les cinq épreuves majeures qui caractérisent le concours de l'ENA, mais qui peuvent également être utilisés pour d'autres concours administratifs.

- Les tests psychotechniques
- La dissertation de culture générale
- La dissertation juridique
- Le résumé de texte
- La note de synthèse
- L'entretien avec le jury

A. LES TESTS PSYCHOTECHNIQUES (durée de l'épreuve : maximum 02h)

C'est la première épreuve de présélection que devront subir tous les candidats qui se présentent aux concours directs (cycle A comme cycle B). Les candidats des concours professionnels n'auront pas à subir cette épreuve des tests psychotechniques. Cette étape est caractérisée par le fait qu'elle est le premier filtre qui va malheureusement retenir beaucoup de candidats. Suffisant pour savoir qu'elle nécessite des connaissances méthodologiques et une préparation sérieuse.

Les tests psychotechniques sont utilisés dans beaucoup de concours parce qu'ils permettent d'étudier la personnalité et le profil psychologique des candidats. Ils aident notamment à déterminer, selon certains critères d'évaluation très précis, préalablement définis par des psychologues expérimentés, les meilleurs candidats à recruter.

D'emblée, il faut dire qu'il n'y a pas qu'un seul type de tests psychotechniques ; il y en a de toutes les formes, de toutes les sortes, et de toutes les couleurs. Dès lors, il est évident qu'on ne saurait en donner toutes les formes dans ce document qui se veut être juste indicatif.

Mises en garde : pour aborder les tests psychotechniques qui peuvent être parfois de véritables galimatias, il faut absolument que le candidat aie l'habitude d'en traiter le maximum avant le jour de l'épreuve. On ne le dira jamais assez : il faut s'exercer à la maison, beaucoup s'exercer, encore s'exercer, et toujours s'exercer.

> **NB** : L'épreuve de tests psychotechniques à l'ENA est chronométrée. Elle dure rarement plus de quarante (40) minutes.

La méthode que nous conseillons est simple : Se procurer des manuels de tests psychotechniques. Vous pouvez même les télécharger sur internet, ensuite les faire imprimer, afin de vous exercer, crayon à la main. Ainsi que le conseillent les grands spécialistes en la matière pour les tests psychotechniques de nature numérique, lors de vos séances de préparation : « mettez-vous dans les conditions de concours, c'est-à-dire répondez dans un temps limité et sans calculette »[1].

De manière pratique, le candidat reçoit son épreuve sur une feuille comportant les exercices au recto comme au verso. Il peut s'agir également de deux feuilles distinctes. Pour chaque face de la feuille (recto comme verso), il est imparti un temps bien déterminé (15 à 20 minutes) que le candidat ne peut pas dépasser, sans se voir demander de tourner la feuille et de commencer à traiter les exercices se trouvant sur l'autre face de la feuille. Au signal donné par le superviseur correspondant à la fin du temps imparti pour traiter les exercices du recto, les candidats devront tous, sans exception, cesser d'écrire sur la première page, et au second signal seulement, attaquer le verso de l'épreuve pour traiter les exercices y figurant, et ce, dans le temps imparti.

---

[1] Bernard MYERS, Benoît PRIET, Dominique SOUDER et Corinne PELLETIER, *Le grand livre des tests psychotechniques de logique, de personnalité et de créativité*, DUNOD, 2017.

Il apparaît de cette description, deux conséquences malheureuses que le futur candidat devra avoir à l'esprit pour les éviter:

- **La première** est que l'impréparation et l'ignorance de ces règles du jeu, a pour première conséquence directe chez le néophyte, qu'avant même de finir un exercice (qu'il découvre pour la première fois), le temps est écoulé et il devra attaquer le verso ;

- **Et la deuxième** non moins désastreuse, est qu'obligé d'abandonner les exercices du recto qu'il n'a pu boucler, il attaquera le verso, sinon désemparé, au meilleur des cas, découragé.

ATTENTION ! Que ce soit clair ! En général, vous ne pouvez pas réussir une épreuve de tests psychotechniques au concours de l'ENA, sans avoir au préalable, essayé d'en faire plusieurs en exercices!

La méthode que nous proposons par conséquent au candidat, qui s'est au préalable frotté à toutes sortes d'exercices et qui passe cette épreuve le jour J, est celle-ci, qui va se dérouler sur quatre étapes :

- **Etape 1** : Dès le signal donné pour commencer l'épreuve, le candidat devra lire et repérer les exercices les plus faciles pour lui. Autrement dit, il s'agit ici de commencer par le plus facile pour terminer par l'exercice le moins abordable. Cette technique est profitable au candidat pour plusieurs raisons : il lui permet d'abord de gagner du temps en ce qu'il ne va pas perdre des secondes précieuses à essayer de démêler les pièges du premier exercice venu. Il faut donc balayer rapidement la page du regard, repérez les exercices les plus abordables, les traiter aussitôt, avant de tenter même de comprendre les plus ardus. Le piège fondamental qu'il faudra éviter à ce niveau, c'est de vouloir suivre l'ordre des exercices. Tout ce qui brille n'est pas or et l'exercice le plus « compliqué », peut être volontairement positionné comme premier ou deuxième exercice, afin de vous faire perdre un temps précieux !

- **Etape 2** : Vous avez repéré et rapidement traité les exercices qui vous étaient plus abordables, c'est déjà très bien. Vous venez de gagner des minutes précieuses. Vous pouvez maintenant vous attaquer aux exercices qui vous semblaient difficiles au premier coup d'œil. Comme lors de la première étape, privilégiez toujours les exercices qui vous semblent plus faisables. Là aussi, vous gagnerez rapidement en temps et en efficacité.

- **Etape 3** : Si vous faite correctement les deux étapes précitées, vous vous retrouverez avec quelques minutes restantes pour essayer de résoudre les exercices moins accessibles. Vous pouvez alors vous concentrer un peu pour les traiter.

- **Etape 4** : Si vous ne suivez pas machinalement les étapes 1, 2 et 3, vous finirez avant le premier temps du recto. Ainsi, le signal de la fin du premier temps ne vous surprendra point. Vous pourrez allégrement démarrer le verso au signal, sans stress et avec la même technique. Toujours commencer par les exercices les plus abordables. Avec le même procédé et en terminant par les exercices les plus inaccessibles, vous aurez peut-être même la chance de finir avant le temps imparti et passer les dernières minutes à vous relire pour vous corriger au besoin.

> **NB** : La pression liée au temps qui est relativement très court, associée aux difficultés des exercices, peut amener le candidat à faire beaucoup d'erreurs et, par conséquent, à raturer sa feuille en plusieurs endroits. Il n'est pas rare de constater qu'une copie soit devenue brouillonne et bigarrée à force d'un usage excessif du correcteur (Blanco) ou à force d'un batonnage frileux. Il est évident que ce type de copie rebutera le correcteur. Soyez ordonné et propre !

B. LA DISSERTATION DE CULTURE GENERALE (durée de l'épreuve : 4h)

Quel élève de lycée ou étudiant n'a jamais pratiqué la dissertation ? Cette épreuve ne devrait donc pas être un casse-tête chinois pour vous ! Au concours de l'ENA, vous aurez forcement à traiter une épreuve de dissertation. En l'espèce, il s'agit d'une dissertation de culture générale. Les candidats (surtout juristes) devront s'y préparer et se départir, un tant soit peu, de leur méthodologie juridique ; au moins, pour cette épreuve de culture générale.

A ce concours, la dissertation de culture générale est obligatoire mais elle est également fondamentale et déterminante.

Elle nécessite par conséquent une compréhension méthodologique et une mise à jour de ses connaissances en culture générale.

Cette préparation ne se fait pas à la veille de l'épreuve, elle demande un effort soutenu par des exercices et une actualisation des connaissances du candidat.

NB : Auparavant, les candidats avaient le choix entre deux sujets, mais il peut arriver que ce soit un seul sujet de dissertation qui leur est proposé. Dans tous les cas, les candidats veilleront à se préparer en conséquence, pour ne pas être pris au dépourvu le jour J.

D'ouverture de jeu, entendons-nous bien, rédiger une bonne dissertation requiert à la fois, la maîtrise d'un ensemble de techniques méthodologiques, mais aussi et surtout, une très bonne préparation par le biais d'exercices répétés. L'objectif final d'une dissertation, c'est de « convaincre de la justesse et de la robustesse du raisonnement que vous avez retenu »[2].

1. La préparation en amont

Comme à la guerre, on n'aborde bien un concours qu'en s'étant bien préparé. La préparation à l'épreuve de dissertation de culture générale, se fait des mois avant le concours. Elle recouvre deux aspects : la pratique de la méthodologie et la mise à niveau de sa culture générale :

a) La pratique de la méthodologie

On peut découvrir facilement des cours de méthodologie sur internet, encore faut-il prendre le temps de les chercher. A elle seule, votre leçon de dissertation du lycée ne vous suffira pas. Pour bien fixer la démarche méthodologique, procurez-vous des manuels que vous trouverez dans les librairies.

b) La mise à niveau de sa culture générale :

A ce niveau, il s'agit d'acquérir de nouvelles connaissances générales dans tous les domaines possibles. Ce n'est pas impossible ! Il faut juste avoir l'ambition et s'y mettre plusieurs mois à l'avance, et tout ceci, en adoptant une méthode très simple : dressez dans votre ordinateur ou sur un bloc-notes, une liste de tous les thèmes qui vous viennent à l'esprit. Ensuite, pour chaque thème, prenez une fiche de lecture. Chaque thème devra être renseigné de toutes informations y afférant. Ces informations, vous irez évidemment les chercher dans les livres, dans la presse en ligne, à la télévision, ou sur internet. Ne négligez aucune information. Vous pourrez réaliser à la fin du travail thématique

---

[2] ABDELMALKI Lahsen, la dissertation de culture générale pas à pas, Editions DUNOD, 2017

que vous vous serez constitué, lentement mais indubitablement, une « bibliothèque thématique » assez fournie. Ce travail de compilation de l'information doit être quasi quotidien. Aménagez-vous donc un emploi du temps pour y procéder.

A RETENIR: Une bonne organisation personnelle est nécessaire. Vous devez par conséquent, apprendre à passer de longues heures dans la solitude de votre lieu d'apprentissage, pour rechercher les informations nécessaires au remplissage de vos fiches de lecture.

Il paraît important d'attirer l'attention du candidat sur l'aspect capital et déterminant de l'information qui est en réalité, l'atout principal dont vous aurez besoin pour traiter la dissertation, en ayant le maximum de connaissances sur le sujet. C'est ainsi que, face à deux sujets au choix, vous choisirez l'un au détriment de l'autre, selon que vous aurez estimé avoir plus d'informations.

Il s'agit en pratique de faire une fiche de lecture pour chaque thème que vous jugerez pertinent. Une démarche d'entonnoir dans le traitement des informations collectées sur un thème, pourrait être plus indiquée. Sur un sujet X par exemple, il y a forcément des informations internationales, ensuite régionales, et nationales.

ILLUSTRATION :

THEME : Le coronavirus

INTERNATIONAL : Le virus est apparu pour la toute première fois dans la ville chinoise de Wuhan/ L'Italie et la France ont été rapidement dépassées par le flot de contaminations/ L'OMS a alerté sur les risques qui pesaient sur le continent africain dépourvu de plateaux médicaux de haut rang.

<u>REGIONAL</u> : L'Afrique a reçu ses premières contaminations au mois de février 2020 (Egypte)/ Le continent a surpris la planète en déjouant tous les pronostics parce que les nombres de contaminations et de décès ont été très faibles/ Les explications avancées pour le moment sont la jeunesse de la population, la température qui est plus chaude, la récurrence des maladies telles que la grippe et la malaria…

<u>NATIONAL</u> : le Sénégal a pris des mesures avant l'apparition du premier cas sur son territoire : fermeture des frontières, instauration d'un couvre-feu, sensibilisation médiatique sur l'adoption de mesures d'hygiène et barrières / Le premiers cas est apparu en fin février 2020, il s'agissait d'une personne de nationalité étrangère (française) / Les régions les plus touchées sont Dakar et Diourbel / L'Etat du Sénégal a dégagé une enveloppe de 1000 milliards F Cfa pour la gestion de la pandémie / A la date du 22 mars 2021 et depuis l'apparition de la pandémie au Sénégal, le nombre de personne contaminées est de 37.920, le nombre de personnes guéries est de 34.892, le nombre de personnes décédées est de 1016, le nombre de personnes prises en charge dans les structures hospitalière, est de 2011.

Quelques thèmes pour s'entrainer

- o La pauvreté
- o La monnaie
- o Les épidémies
- o Le sport et la violence
- o Le genre et la parité
- o Le droit des enfants
- o L'écologie et les changements climatiques
- o La menace nucléaire
- o Les violences faites aux femmes
- o L'éducation comme facteur de démocratisation

- L'accès des femmes à la terre
- Le chômage des jeunes
- Les politiques d'urbanisation
- Le développement du numérique
- Le racisme dans le football
- Les défis du Tiers-monde
- Le terrorisme et les défis sécuritaires
- La perte des valeurs
- Audiovisuel : avantages et inconvénients
- La corruption dans l'Administration
- Le blanchiment d'argent
- Le secteur informel
- La mendicité
- Les défis de l'école sénégalaise
- Les guerres modernes
- L'ONU et les Organisations internationales
- La CEDEAO
- L'émigration clandestine
- La mondialisation
- L'intelligence artificielle
- Le commerce mondial
- Les politiques d'emploi des jeunes
- La gestion des catastrophes naturelles
- L'informatique au XX siècle
- Le handicap

La liste n'est pas exhaustive.

NB : Les thèmes ci-dessus proposés ne le sont qu'à titre indicatif, en vue de donner aux candidats des exemples à partir desquels ils pourront faire des exercices.

Pour le concours de l'ENA, les thèmes sur lesquels porteront les épreuves seront listés dans l'arrêté fixant les programmes qui fait suite à l'arrêté d'ouverture du concours.

Comme dit plus haut, l'actualité n'est pas que nationale ; elle est aussi internationale et sous-régionale. Une seule méthode s'impose donc pour pouvoir bien rendre compte de l'actualité : suivre les informations télévisées, notamment le journal télévisé. Heureusement que pour cette génération, la télévision ne détient plus le monopole de la transmission de l'information, vous avez un parterre de médias notamment sur internet, qui rendent plus facile l'accès à l'information et ceci, à la minute près. Vous n'avez donc aucune excuse de ne pas pouvoir vous exprimer sur n'importe quelle thématique qui intéresse l'opinion, internationale, régionale ou nationale. Encore faudrait-il savoir comment traiter cette foultitude d'informations. La technique conseillée ici, est simplement celle qui consiste à effectuer des recherches crayon à la main, afin de remplir chaque fiche de toutes les informations classées selon leur pertinence et la zone géographique concernée.

2. La dissertation proprement dite

La dissertation est un exercice littéraire et intellectuel qui requiert plusieurs aptitudes de la part du candidat. D'emblée, il est important d'attirer l'attention du candidat sur certaines méprises fréquemment commises :

- Il s'agit d'une dissertation de culture générale et non d'une dissertation juridique : la précision est de taille, car il ne s'agit point de la même démarche méthodologique. Les candidats, notamment juristes, devront s'évertuer de ne pas tomber dans le piège de la déformation académique acquise à la faculté de droit.

- Il ne s'agit ni de beaucoup écrire ni de faire du remplissage de feuilles, ni moins encore d'un verbiage stérile et inutile : disserter ne signifie pas jouer à qui écrira plus pour ne rien dire finalement.
- Vous devrez argumenter! Mais qu'est-ce qu'argumenter ? La réponse la plus simple est pourtant la bonne : argumenter, c'est donner des arguments dans vos assertions.

De manière pratique, il ne vous est pas demandé de nombre de pages ou de parties. Vous êtes maître de votre ouvrage, l'essentiel est que vous veilliez à ce que les parties soient équilibrées.

Il est important aussi de souligner qu'une dissertation doit être équilibrée. Il s'agit de traiter les différentes parties avec le même souci d'équilibre. Dans la dissertation de culture générale, le plan conseillé, sans que cela ne soit une obligation, est celui qui consacre deux parties dans le développement. Toutefois, c'est toujours la consigne mise dans le sujet qui oriente vers le type de plan à choisir. C'est ainsi que parfois, l'on aura à faire un plan en trois parties.

Les fiches que vous aurez élaborées durant vos mois de préparation, vont montrer toute leur importance dans cet exercice fort prisé dans les concours administratifs. Cette masse d'informations que vous avez au préalable pris la peine d'agencer par thème, par pertinence et par zone géographique, va constituer le socle de votre argumentation et consacrer la solidité de votre développement.

Vous avez des informations à la pelle certes, mais il faut maintenant savoir comment les utiliser, à quel moment du devoir, et avec quels mots. Dans la dissertation, il est question de montrer que non seulement on a les bonnes informations, mais qu'en plus, on est capable de bien les exposer.

Attention ! Vous êtes à un concours, tous les candidats ont engrangé le maximum d'informations sur tous les thèmes possibles. Vous devez démontrer en plus que vous, vous pouvez démontrer la pertinence et la logique de vos informations. Pour ce faire, il vous faut une argumentation solide, par idée, par paragraphe, et ce, en commençant votre devoir par une introduction alléchante, pour intéresser le correcteur au plat que vous vous promettez de lui servir.

a) L'introduction

Elle est plus que capitale ! C'est la première chose que lira le correcteur. En somme, c'est votre carte d'identité et elle vous attirera la sympathie ou la méfiance du correcteur. Il faut donc en maîtriser les trois parties :

o <u>Amener le sujet</u> : Les recherches que vous avez menées sur les différents thèmes doivent vous servir d'abord ici. « Amener » veut dire partir d'une actualité plus générale, commencer par évoquer un contexte global d'où le thème peut être tiré. Cependant, cette phrase d'accroche devrait être originale pour mieux attirer l'attention du correcteur. En somme, partir d'une actualité générale, voire internationale, pourrait suffire à installer le correcteur dans ce que vous vous proposez de lui parler.

o <u>Poser le sujet</u> : certains, plus lettristes sans doute, parleront de « reformuler le sujet ». En réalité, dans la dissertation de culture générale, il faut faire attention à ce vocable « reformulation ». En effet, si la dissertation de culture générale est d'essence littéraire, elle va plus loin, pour emprunter le domaine scientifique de l'argumentation. Dans la méthodologie de culture générale, non seulement il est demandé au candidat qui vient de poser son sujet, de faire une sorte d'explicitation de l'idée centrale du sujet, mais également, de ressortir l'intérêt du sujet par rapport à un contexte plus large. Autrement dit, il faut montrer que le thème est important pour telle ou telle raison, et qu'il pose même des enjeux qui mérite qu'il soit mieux étudié dans la suite du devoir. Une reformulation en autant de questions incidentes, est également possible.

Il est à noter aussi qu'à cette étape, le candidat peut en outre procéder à une définition des concepts du sujet qui nécessitent d'être explicités, pour en faciliter et en proposer une compréhension plus uniforme. Cette démarche va montrer au correcteur que le candidat a bien compris la problématique.

o <u>Annoncer le plan</u> : La dernière partie de l'introduction sera alors d'indiquer la démarche qu'on se propose de suivre pour développer nos idées. A ce niveau, deux éléments méritent que l'on attire l'attention du candidat. Le premier est que vous n'êtes pas obligé de répéter comme tout le monde des phrases du type :

*« Nous allons d'abord **MONTRER** que…, ensuite nous **VERRONS** que… », « En premier lieu, nous allons **VOIR**…, et en deuxième lieu nous **ETUDIERONS**… »*

Quoi de plus commun et fade ! Aucune originalité dans ces expressions qui ne différencient aucunement votre copie. Or, votre intérêt est justement que, dès l'introduction, le correcteur commence à ressentir de l'appétit à poursuivre la lecture vers le développement qui va suivre.

A la lecture de beaucoup de dissertations de candidats, il est souvent frappant de constater comme la plupart des plans sont annoncés avec les verbes : annoncer, voir, étudier, analyser, expliquer, voire expliciter. Comme si le dictionnaire ne comprenait que ces quelques verbes. Allez au-delà ! Osez des tournures de phrases moins conformistes ! faites-vous plaisir !

EXEMPLES DE TOURNURE:

« Tel qu'annoncé, il pourrait être fort utile de commencer par rappeler les causes ayant été à l'origine de l'expansion du virus, puis d'en lister les conséquences immédiates, tant au niveau sanitaire que social et économique, afin de clore par le nouvel ordre mondial qui pourrait, très probablement, en naître »

« Il paraît important de placer l'analyse du sujet sous un aspect définitoire, en en faisant ressortir dès l'entame, les différentes conceptions médicales, avant d'en explorer les manifestations à grande et petite échelle »

« Devant une problématique aussi complexe, il ne serait pas inutile d'aborder, dans une première partie, les mesures étatiques qui ont suivi l'apparition du premier cas au Sénégal, avant d'envisager de les évaluer au regard de la récente deuxième vague d'expansion de la pandémie »

«Tel que décrite, plusieurs interrogations se dégagent par la force des choses : la démocratie à l'occidentale est-elle compatible avec les déterminants sociétaux de nos pays africains ? Est-elle, cette démocratie, un mal nécessaire pour nos pays ? Enfin, un autre système plus « africanisé » est-il possible ? Autant de préoccupations sur lesquelles nous nous proposons de réfléchir tout au long de notre devoir »

NB : Ces exemples ne sont que des illustrations pour montrer au candidat qu'il peut bel et bien aborder le plan avec sa propre originalité. Ne vous contentez donc pas de retenir par cœur ces exemples, pour les reproduire machinalement. Cela ne servirait à rien puisque le correcteur qui a affaire à plusieurs copies, avec les mêmes formulations, risque d'être on ne peut plus dubitatif sur vos capacités propres.

Osez la différence !

b) Le développement

Si déjà, dans l'introduction, le plan avait été clairement annoncé, rédiger le développement devient presque un jeu d'enfant. A ce stade, il faut surtout veiller à traiter les différentes parties du développement selon l'ordre dans lequel vous aviez évoqué ces parties dans le plan, ne mélangez donc pas les parties.

Il faut souligner que contrairement à la dissertation juridique, les parties de la dissertation de culture générale ne doivent pas être titrées. Pas de **I** et de **II**, ni d'**A** et **B**. Dans ce type de dissertation, les parties sont abordées directement mais subtilement, par des phrases que je qualifierai de « phrases introductives ». Cette subtilité est d'autant plus visible qu'entre les différentes parties du développement, il faut insérer des phrases dites de transition.

La phrase de transition peut être comprise comme une phrase qui permet de passer de manière logique et non brutale, d'une partie ou l'on développe telle idée à une partie suivante où l'on abordera une idée différente de la première partie. Ce qu'il faut comprendre ici, c'est que la dissertation est un tout, composée de différentes subdivisions, mais toutes reliées de manière harmonieuses. De manière triviale, elle pourrait être assimilée à un arbre avec ses différentes parties : racines, tronc et branches. Le tout est lié de manière à ce qu'il soit impossible d'identifier une seule partie à l'arbre, en tant que tel.

De préférence, la phrase de transition doit comporter deux parties, une première qui évoque la partie que l'on veut quitter et l'autre, le reste de la phrase, doit annoncer l'idée qu'on s'apprête à évoquer dans la partie qui va suivre.

Dans la forme, cette phrase de transition doit être indépendante, et du paragraphe qui la précède, et du paragraphe qui va suivre.

Un autre aspect important est que le candidat doit, autant que possible, et pour chaque partie du développement, commencer par une phrase d'accroche incisive qui lui permet d'annoncer l'idée qu'il se propose d'exposer dans cette partie. Ensuite, cette idée présentée, est suivie d'une explication détaillée, en utilisant des arguments. Enfin, il faut essayer de terminer l'argumentation de l'idée, en donnant une ou deux illustrations qui montrent de manière plus simple ce que vous venez d'expliquer et d'argumenter.

EXEMPLE :

<u>Dernier paragraphe de la partie précédente</u> (CAUSES): *la course à l'armement apparaît ainsi comme une des causes probables de l'apparition de ces nouveaux types de virus, dont on soupçonne qu'il serait l'émanation de recherches secrètes de laboratoires. L'on se souvient que quelques mois à peine après la survenance des premiers cas de coronavirus hors de Chine, les pays occidentaux avaient indexé le laboratoire militaro industriel G15 localisé dans la ville chinoise de Wuhan, comme étant à la base de la création de la Covid-19.*

<u>Phrase de transition</u> (laisser deux carreaux mais ne pas sauter de ligne) : *si les causes des pandémies telle que le coronavirus apparaissent multiples et parfois difficilement vérifiables, il demeure que les conséquences en sont sinon désastreuses, au moins, infiniment malveillantes, et ce, à plusieurs niveaux.*

<u>Premier paragraphe de la partie suivante</u> (MANIFESTATIONS): (laisser également deux carreaux mais ne pas sauter une ligne). *En effet, si l'adage populaire affirme que les mêmes causes, tirées des mêmes conditions, produisent généralement les mêmes effets, les pandémies ne constituent certainement pas une exception à cette assertion commune. Il est intéressant d'emblée, de relever les statistiques mortifères à l'échelle mondiale. Ce serait pur euphémisme que d'assurer qu'il s'agit d'une véritable hécatombe, pour ainsi dire. A ce jour, tous les pays du globe ont enregistré au moins un mort et le nombre de victimes à l'échelle planétaire, s'élève à trois millions de morts. Par ailleurs, il faut reconnaître que la carte géographique mondiale n'est pas touchée avec la même force.*

Le continent africain, qui avait pourtant fait l'objet des pronostics les plus sombres, semble le continent le moins touché. Ce « miracle » est diversement interprété ; si certains attribuent cette absence de virulence du virus aux conditions climatiques de la zone, notamment aux températures élevées, d'autres ont théorisée la jeunesse de la population ou encore le caractère endémique de maladies semblables dans cette partie du monde, où sévissent périodiquement nombre d'épidémies. Quelles que soient les tentatives d'explication, il apparaît que le nombre de victimes affiche une courbe ascendante et l'Afrique a enregistré 12.000 cas pour 3.600 décédés.

Dans ce tableau assez sombre, le Sénégal apparaît comme relativement peu touché, depuis le signalement de son premier cas, le 03 mars 2019. A ce jour, le pays a fait état d'un total de 2000 personnes contaminés et de 300 personnes ayant perdu la vie.

L'autre aspect important du développement, c'est que vous êtes libre de faire deux parties ou trois. Il ne s'agit pas toujours d'une thèse / antithèse, tout dépend de la consigne. Il apparaît alors que la consigne est à bien identifier dans le sujet, afin de bien saisir les questions importantes qu'elle nous amène à nous poser. C'est ainsi que telle consigne nous amènera, par exemple, à annoncer trois parties dans le plan, donc à faire trois parties dans le développement :

EXEMPLE :

« Les pandémies comme les guerres, ont cela de particulièrement effroyable, qu'elles ont toujours une cause cachée, qu'elles ont des effets irrémédiables sur le quotidien des nations qui en subissent les affres, mais plus grave, elles marquent à jamais, très hideusement d'ailleurs, la face de l'histoire. Le meilleure réflexion sur laquelle le monde pourrait se pencher aujourd'hui, serait celle de chercher comment les éviter» Commentez cette assertion du diplomate sénégalais Manga Siga Ndiaye.

<u>Trois parties identifiées :</u>

-   *Première partie : les causes (cachées) des pandémies ;*
-   *Deuxième partie : les manifestations (malheureuses) des pandémies ;*
-   *Troisième partie : les solutions (définitives)*

c) La conclusion

Le premier constat qui est souvent fait par les correcteurs, est que la plupart des candidats, arrivés à ce niveau, bâclent littéralement cette dernière partie. Ils n'y mettent plus ni le sens, encore moins les considérations méthodologiques qui y sont attendues.

Plusieurs raisons expliquent cette capitulation. Le candidat qui a déjà mis beaucoup de soin et de concentration à rédiger son introduction ainsi que son développement, est quelque peu exténué, il a mal au poignet à force de chercher à être meilleur calligraphe. Il peut également avoir l'assurance d'avoir dit tout qui était important dans le développement. Que nenni ! Il ne faut surtout pas tomber, ni dans l'abandon, encore moins dans une fausse autosuffisance.

Certains correcteurs vous diront que dans certaines conditions, ils se contentent de lire l'introduction qui, rappelons-le, est très importante, mais également la CONCLUSION ! Hé oui, la CONCLUSION !

Evitez donc de passer à côté d'une bonne note, parce que vous n'avez pas su fournir le dernier effort, la suprême salve.

Conclure dans une dissertation de culture générale, c'est tout simplement arriver à poser trois actes pour finir en beauté. **Le premier** est d'ouvrir la conclusion par une <u>phrase-exposé</u> qui revient sur l'importance, l'enjeu ou l'actualité du sujet que l'on vient d'étudier. **Le deuxième** est de faire suivre une <u>phrase-résumé</u> qui comportera les différentes conclusions partielles que vous aviez tiré dans chacune de vos deux ou trois parties du développement. Et enfin, même s'il n'en est pas fait une obligation, il est intéressant souvent de terminer par une **troisième** <u>phrase-perspective</u> qui permet au candidat de partir des conclusions de la phrase-résumé, pour proposer une réflexion qui pourrait en être proposée dans une autre dissertation.

C. LA DISSERTATION JURIDIQUE (durée de l'épreuve : 4h)

C'est une des épreuves au choix pour les candidats du cycle A. Le bon sens voudrait que ne s'y aventurent que les candidats ayant fait des études juridiques. Cela, pour deux raisons évidentes. La première est qu'ils ont eu à apprendre et à pratiquer en détail cette méthodologie qui obéit à des règles dérogatoires à celle de la dissertation de culture générale. La deuxième raison qui est bien plus évidente, est que le sujet qui sera donné, sera d'ordre juridique ; des connaissances juridiques sûres sont donc nécessaires.

Au vu de la cible, il serait superfétatoire de revenir en détails sur une méthodologie qui est déjà supposée etre déjà bien maîtrisée. Toutefois, il paraît essentiel de rappeler certains fondamentaux, notamment certaines particularités propres à la dissertation juridique.

1. Aspects méthodologiques

a) L'introduction :

C'est la première grande différence en ce sens que, si l'introduction de la dissertation de culture générale atteint rarement 10 lignes, celle juridique « est très longue »[3]. Elle constitue en elle-même, parfois, toute une partie, à l'image des deux parties du développement. L'introduction d'une dissertation juridique est d'une importance capitale, au regard de l'appréciation qui sera faite par le correcteur. Elle doit permettre de définir les termes du sujet et d'annoncer le plan. C'est ainsi que dans l'introduction, le correcteur doit retrouver ces quatre éléments :

---

[3] Véronique WESTER-OUISSE, Maître de conférences en droit privé et sciences criminelles

- ✓ Une phrase d'accroche ;
- ✓ Une définition des termes du sujet ;
- ✓ Une problématique ;
- ✓ Et l'annonce du plan

b) Le plan :

Une dissertation juridique doit être organisée selon un plan binaire : deux parties (I et II[4]), et deux sous-parties pour chaque partie (A et B). Le candidat devra toujours se référer au sujet pour choisir l'un des trois plans : le plan analytique, le plan chronologique ou le plan synthétique

c) Mettre des titres

Avant chaque partie, les sous-parties sont présentées dans une phrase qui annonce expressément les sous-parties. Il faut donc mettre des titres apparents pour toutes les parties.

d) L'équilibre du devoir :

Il est demandé au candidat de veiller à équilibrer les parties comme les sous-parties, au moins de s'en approcher. Il serait mal vu que l'une des parties soit beaucoup plus renseignée qu'une autre.

e) La conclusion:

A la différence de la dissertation de culture générale, la conclusion n'est pas obligatoire dans la dissertation juridique; le candidat est libre de terminer le devoir par la dernière partie du développement (II.B), qui a la fonction d'ouvrir la réflexion. Mais si le candidat, pour une raison ou une autre, décide de faire une conclusion, il devra dès lors se démarquer de la règle de la dissertation de culture générale, consistant à procéder à un résumé succinct des grandes idées du développement. Pour la conclusion de la dissertation juridique, le candidat

---

[4] Ibidem

devra seulement anticiper sur les enjeux possibles que pourrait induire le sujet traité, autrement dit, ouvrir des perspectives à la réflexion.

2. Aspects rédactionnels

On ne le dira jamais assez : il s'agit d'une dissertation **juridique** ! Or, chaque discipline a sa propre terminologie, ses propres déclinaisons. Le droit étant une science fort jalouse de ses termes juridiques, il est attendu du candidat qu'il sache utiliser un langage juridique, correspondant aux notions évoquées. Le candidat qui n'a jamais fait du droit ou qui fait cet exercice pour la toute première fois, pourrait commettre des erreurs de terminologie basiques qui le disqualifieraient rapidement.

Des connaissances juridiques s'avèrent donc indispensables pour employer les bons termes dans le développement.

EXEMPLE 1: Toute décision rendue par une instance judiciaire ne s'appelle pas **jugement**. Le candidat ne peut donc pas dire d'une décision rendue par une Cour, que cette dernière a rendu un **jugement**, puisqu'il s'agit d'un **arrêt** (les tribunaux du premier degré rendent des **jugements**, mais les Cours rendent des **arrêts**).

EXEMPLE 2 : Le mot **ordonnance** peut désigner un acte administratif pris par une autorité administrative, au titre de son pouvoir réglementaire, mais elle peut désigner également un acte juridictionnel pris, en général, par le juge de l'urgence.

EXEMPLE 3 : Au sens juridique, le mot **arrestation** est différent du terme **interpellation**. On ne peut donc pas les employer indifféremment. **L'interpellation** signifie que la personne a été entendue, qu'il lui a été posé des questions. **L'arrestation** quant à elle, signifie que par-dessus l'interpellation, la personne a subi une mesure restrictive de liberté EX : une garde-à-vue.

<u>EXEMPLE 4</u> : Il est fréquent d'entendre d'une personne recherchée qu'elle a disparu. Ce qui, juridiquement, n'est pas correct. Un bon juriste sait qu'il existe une grande différence entre les notions d'**absence** et de **disparition**.

Autant d'exemples qui montrent à suffisance que l'utilisation et la maîtrise de la terminologie juridique doivent être de rigueur, aussi bien dans la présentation des faits, que dans leur démonstration.

EXEMPLE

Un plan dans une introduction :

*En réalité, si le droit au respect de la vie privée a été consacré comme un principe général (**I**), il n'en demeure pas moins qu'il est assorti d'un certain nombre de limites (**II**)*

Développement :

    I) Le principe général du droit au respect de la vie privée

Le droit au respect de la vie privée est consacré aussi bien en droit interne qu'en droit communautaire et international, et protège tous les individus (A). En outre, le domaine d'application du droit au respect de la vie privée est large et, est régulièrement étendu par la jurisprudence (B).

    A) La consécration générale du droit au respect de la vie privée

Ainsi que nous l'avons mentionné plus haut, l'article 9...

    B) L'extension continue du domaine de la vie privée

La loi ne donne pas de définition....

Etc.

D. LE RESUME DE TEXTE (durée de l'épreuve : 4h)

Cette deuxième épreuve d'admissibilité concerne les candidats au cycle B. De manière pratique, il est demandé au candidat de résumer un texte plus ou moins long, en un certain nombre de mots (**bien lire la consigne**). Le résumé dont il s'agit pour ce concours n'est pas suivi de discussion, il s'agit d'un résumé simple, du moins dans le passé jusqu'à ce jour.

Selon le professeur Gilles NEGRELLO, « Le résumé consiste à réécrire un texte plus brièvement, en respectant un nombre imposé de mots, tout en retenant les informations essentielle »[5].

Toutefois, loin d'être banale, cette épreuve de résumé de texte se caractérise par la nécessité de respecter diverses règles se rapportant au **fond** ainsi qu'à la **forme** de l'exercice.

1. Précautions

Comme pour toutes les épreuves de concours, on ne commence jamais un résumé en procédant directement, même sur la feuille de brouillon d'ailleurs. Il y a toujours un travail d'analyse à faire. Il faut dès lors, identifier deux étapes fondamentales et incontournables : la lecture et relecture du texte, et l'exploitation.

a) Les lecture et relectures du texte

Cette étape peut sembler banale, elle ne l'est pourtant pas. Le candidat doit prendre entre 5 à 10 minutes pour lire avec attention le texte, depuis le titre s'il y en a, jusqu'au dernier mot. Il ne s'agit évidemment pas d'une lecture approfondie, mais c'est le moment pour le candidat de se familiariser avec un

---

[5] NEGRELLO Gilles, Méthodologie : le résumé ou contraction de texte

texte, notamment sur le genre (discours, poème, essai, article…), la structure mais aussi, la construction du texte.

b) L'exploitation du texte

Après les premières minutes de découverte du texte, le candidat peut maintenant, crayon à la main, procéder à une lecture approfondie, qui consiste à identifier les articulations du texte, à isoler les idées les unes des autres. Cette lecture approfondie doit à terme, permettre au candidat de relever les grandes idées qui sont déroulées par l'auteur.

Ce qu'il faut retenir, c'est que les idées relevées serviront de base à la réécriture du résumé, selon l'importance des idées développées mais également selon l'ordre dans lequel l'auteur les aura évoquées.

Dans la rédaction proprement dite, quelques règles doivent nécessairement être observées, elles concernent aussi bien la forme que le fond.

2. Les règles de forme

Il s'agit de tout ce qui a trait à la présentation et qu'il faut impérativement respecter.

a) Savoir bien décompter le nombre de mots

Il faut bien comprendre ce que c'est qu'un MOT. Il s'agit de toute unité limitée par deux blancs, par deux signes typographiques, par un signe typographique et un blanc ou l'inverse. Très compliqué à comprendre, n'est-ce-pas ?

Pour faire simple, disons qu'un mot est le plus petit élément pouvant avoir une existence grammaticale et sémantique dans une phrase. Pour ne pas se perdre, le candidat considérera toujours que chaque élément isolable dans une phrase, est susceptible de constituer un mot.

Toutefois, il est important de relever certaines erreurs à éviter :

✓ Le titre du texte ne fait pas partie du nombre de mots à compter ;

- ✓ Les articles (même élidés) comptent pour un 1 mot : L'ABSENTEISME compte 2 mots (Le premier mot est le L'et le deuxième mot est ABSENTEISME).C'EST FAUX compte trois mots (le premier mot C', le deuxième mot EST. Le troisième mot FAUX) ;
- ✓ Les lettres euphoniques ne sont pas comptées :

  « a-**t**-il » compte pour 2 mots : on ne compte pas le « t » ;

  « Va-**t**-on » compte pour 2 mots : on ne compte pas le « t » ;

  « a-**t**-il faim **?** » compte pour 3 mots : on ne compte ni le « t » ni le point d'interrogation ;

- ✓ Les années sont écrites en chiffres et comptent pour 1 mot : 2021, 2022 ;
- ✓ Les dates comptent pour 3 mots : 19 janvier 2021 ; 22/06/21
- ✓ Les sigles comptent pour 1 mot : UA, ONU, CESE ; HCCT ;
- ✓ Les pourcentages et les fractions comptent pour 2 mots : 60 % ; 1/3 ;
- ✓ Les siècles comptent pour 2 mots : XXIième siècle
- ✓ Les noms propres comptent pour autant de mots : Jean Yves LE DRIAN (compte 4 mots) ;
- ✓ Les mots composés comptent pour autant de mots à partir du moment où chacun des mots pris séparément, a un sens : cerf-volant (2 mots) ; c'est-à-dire (4 mots)

  MAIS : socio-économique (compte 1 seul mot car SOCIO n'existe pas seul) ;

- ✓ Les pays comptent pour 1 mot : Etats-Unis ; Moyen-Orient ; Guinée Bissau ;

MAIS ATTENTION :
- o Aujourd'hui (compte pour 1 mot)
- o La ponctuation n'est pas comptée.

b) Faire attention aux sigles

Pour économiser en mots et être dans la marge du nombre de mots demandé dans la consigne, le candidat évitera au maximum l'usage de sigles et acronymes. A la place de UA, il sera préférable d'écrire Union africaine, à la place de CESE, choisir plutôt d'écrire Conseil Economique Social et Environnemental. Toutefois, pour éviter des erreurs, proscrire l'usage de ces sigles semble être le conseil le plus judicieux.

3. Les règles de fond

Il est demandé au candidat de réécrire le texte dans une forme plus courte (avec une certaine marge qui vous sera indiquée), mais sans trahir ni l'esprit du texte ni sa cohérence. En somme, même l'auteur du texte s'il lisait votre résumé, devra être en mesure de dire que c'est exactement ce qu'il avait écrit, mais de manière plus développée. Ce n'est donc pas une chose simple que de traduire sans trahir.

Deux soucis devront impérativement accompagner la rédaction de votre résumé : d'abord, être concis pour respecter le nombre de mots demandé, et ensuite, ne pas trahir la pensée et la démarche de l'auteur.

a) Etre concis…

Il s'agit de dire en peu de mots, ce que l'auteur a peut-être mis un paragraphe ou plusieurs phrases à exprimer. Dans la pratique, c'est le plus souvent la raison d'être de ce travail, notamment dans l'administration. Par ailleurs, il vous faudra éviter l'usage des longues phrases qui ne vous seront pas en réalité, d'une grande utilité. De même, l'usage de certaines figures de styles telles que les pléonasmes, les redondances et les hyperboles sont à proscrire. L'entraînement au résumé de texte vous permettra d'acquérir cette qualité, qui vous sera précieuse dans la vie administrative.

b) …Sans trahir la pensée de l'auteur !

Il vous est demandé de ne pas dire autre chose que ce que dit l'auteur. Vous devez d'abord vous mettre dans la peau de l'auteur. Ce n'est pas vous qui parlez, vous écrivez à la place de l'auteur. En somme, vous ne lui prêtez que votre plume. Cette capacité à vous effacer, se traduit dans le résumé par le fait que vous n'avez ni à interpréter ni à émettre vos idées ou émotions dans le texte. Pour ce faire, la technique conseillée, est, pendant la phase d'exploitation du texte, crayon à la main, de répertorier, selon leur ordre de présentation, sur votre feuille de brouillon, les idées principales du texte. Il ne faut reproduire que les idées se trouvant dans le texte, mais il faut les prendre toutes. Une fois les idées répertoriées et bien comprises, chaque idée principale devra être réécrite dans un sens fidèle, avec un nombre limité de mots.

Le candidat peut être aidé dans la réécriture des idées principales, par la structure même du texte. En effet, dès la lecture initiale, il apparaît que le texte comprend plusieurs paragraphes qui ne sont pas d'égal volume. L'auteur développera plus certains paragraphes par rapport à d'autres. Il est important de respecter cette structure du texte dans votre résumé. La conclusion est que dans le travail de brouillon, le candidat dira plus dans les paragraphes où l'auteur lui-même en dit plus.

Seulement, pour pouvoir réécrire un texte en étant concis et sans trahir la pensée de l'auteur, il faut un vocabulaire fourni et une connaissance de certaines figures de style telles que la métaphore, l'euphémisme et autres subtilités langagières.

Les textes donnés aux concours sont volontairement choisis pour leur complexité. Ils comportent certaines caractéristiques auxquelles le candidat devra prêter attention :

-   Ils sont souvent longs : donc épuisants, car le décompte des mots devient un véritable nœud gordien et la concision apparaît comme un véritable marathon ;

- Ils comportent parfois des locutions ou expressions toutes faites : il faut alors que le candidat ait un riche vocabulaire pour les traduire en un mot qui a le même sens ;

- Il est fréquent d'y retrouver des sigles : ne pas oublier qu'un sigle, aussi long qu'il puisse être, ne compte que pour 1 mot.

EXEMPLE : OVNI (est 1 seul mot, bien qu'écrit avec 4 lettres)

NB : A la fin de la rédaction, le candidat ne devra surtout pas oublier de mettre le nom de l'auteur du texte ainsi que le nombre de mots[6] qu'il a obtenu.

---

[6] LUTZ Sébastien, Méthodologie de la contraction de texte

E. LA NOTE DE SYNTHESE (durée de l'épreuve : 4h)

C'est une épreuve qu'auront à traiter seulement les candidats du cycle A (directs comme professionnels).

Il s'agit véritablement d'un exercice très technique, qui ne peut être bien abordé qu'en ayant au préalable collecté une foultitude d'informations sur les différentes méthodologies qui sont proposées par ci, par là. Nous conseillons au candidat d'acquérir dans les bibliothèques et sur internet, les meilleurs procédés proposés.

Toutefois, la majorité des revues consultées s'accorde sur une démarche générale et chronologique, que le candidat devra suivre pour réussir cette épreuve qui peut être très épuisante.

La note de synthèse n'a qu'un seul objectif en réalité. Celui de voir si le candidat est capable de trouver le lien entre une pile de divers documents qui lui seront proposés, et s'il est à même d'écrire un papier concis pour rendre compte du contenu de ces documents.

La variété des documents qui peuvent aller du simple article de journal au diagramme à barres, en passant par un discours, des tableaux statistiques ou encore un programme électoral, peut apparaître plus que déroutante pour le candidat qui n'a aucune connaissance méthodologique. Par ailleurs, le facteur **temps** est le deuxième défi majeur de cette épreuve. Les 4 heures de temps s'avèrent généralement insuffisantes pour terminer mais surtout, bien terminer.

Pour de futurs cadres supérieurs de l'Administration, cet exercice est d'autant plus important que la note de synthèse fera partie de leur routine. L'autorité s'appuiera dans le travail de tous les jours, sur ces cadres supérieurs qui devront être en mesure de lui présenter des notes concises et simples, sur des situations complexes ou sur des dossiers dont la lecture nécessiterait des heures. Autrement dit, lorsque l'autorité veut être éclairée très rapidement sur une situation donnée, il lui faut une explication fiable, exacte et concise. Le bras droit que vous serez pour lui, est appelé à lui fournir une note très simple et résumant parfaitement la situation ; c'est toute l'importance de savoir rédiger une note de synthèse.

Pour rédiger l'épreuve de note de synthèse, il faut suivre une certaine démarche qui nécessite organisation dans le travail et bonne gestion des 4 heures de temps.

1. La phase de préparation

Il est indispensable que le candidat, avant même de commencer l'épreuve, s'évertue à bien se préparer et procède à un rangement de sa table. Cette phase consiste à :

- **Vérifier** que vous avez bien au moins deux stylos qui fonctionnent, une règle car vous aurez besoin peut-être de tracer un tableau sur votre papier de brouillon ;
- **Rationaliser** l'occupation de votre table. N'encombrez pas inutilement l'espace. D'un côté, mettez les outils précités, et de l'autre, mettez les feuilles de brouillon qui vous sont distribuées. Cette attention n'est pas de trop ; l'épreuve de note de synthèse est souvent agaçante et une bonne organisation du matériel sur de la table, peut grandement contribuer à vous calmer les nerfs.
- **Numéroter** les feuilles de brouillon qui vous seront distribuées chacune, afin de pouvoir vous y retrouver plus facilement une fois que les idées commenceront à foisonner.
- **Réserver** quatre feuilles de brouillon comme autant de fiches de lecture en les titrant.

EXEMPLE : 1. fiche de lecture sur… ; 2. fiche de lecture sur… ; 3. fiche de lecture sur… ; 4. fiche de lecture sur… ; Chaque fiche ainsi conçue, recevra un titre en propre.

- **Classer** le dossier qui vous sera donné par type de documents, du plus facile à lire pour vous, au document le plus complexe.

2. Les premières lectures

C'est la première étape et en tant que telle, elle est fondamentale, car constituant l'étape d'identification des documents qui sont soumis au candidat. D'entrée de jeu, le candidat devra minutieusement lire, relire la consigne . Cette dernière est la clé qui va lui permettre de comprendre la quintessence du sujet, car « s'il y a bien une épreuve pour laquelle le respect de la consigne est primordial, c'est la note de synthèse »[7].

Chaque document est différent des autres, mais en même temps, chaque document a un lien avec le sujet. Il vous faudra dès lors découvrir ces liens, les mettre en rapport avec le sujet, afin de comprendre le fil qui unit cette pile disparate.

Le dossier qui est donné au candidat est scellé par une feuille comportant le sommaire de l'ensemble des documents qui se trouvent à l'intérieur. Cette fiche de présentation est naturellement le premier élément à analyser puisqu'elle détaille l'ensemble des documents. Des informations importantes pourront être obtenues à ce niveau : la nature de chaque document, l'auteur, la date de publication, le public visé…

Les documents seront ensuite lus sans intention de s'attarder sur des aspects quelconques ; il s'agira seulement d'une lecture de survol, qui lève le voile de mystère sur les documents.

---

[7] BECK Pierre, la note de synthèse pas à pas, DUNOD, Paris, 2017

Cette première étape permet par ailleurs au candidat qui vient de repérer certaines informations importantes en partant seulement de la fiche sommaire, de commencer à renseigner ses feuilles de brouillon. C'est ainsi que dès cette première étape, le candidat peut voir que plusieurs centres d'intérêt se dégagent des différents documents qui n'avaient apparemment, rien à voir ensemble. Il aura l'impression que certaines même idées sont en réalité abordées dans plusieurs documents, pourtant de nature différente.

EXEMPLE : Un article de journal peut relater une interview qui a été faite avec le professeur RAOULT s'exprimant sur la difficulté pour le monde scientifique, d'être d'accord sur l'utilisation de la nivaquine comme traitement de la Covid-19. A côté, un diagramme médical montrant que par rapport à un groupe de personnes X traitées sans association de nivaquine, un autre groupe Y affiche un taux de guérison de 76%.

A la lecture de ces informations qui se recoupent, le candidat peut déjà entrevoir la possibilité d'une idée directrice qui pourrait justement être le titre d'une de ses fiches de lecture. La lecture de tous les documents, lui permettra de s'assurer de la persistance de cette idée, et marquera ainsi un indice révélateur qu'il s'agit bien là d'une idée pouvant constituer une partie de son développement.

C'est ainsi qu'à la fin de cette étape de lecture d'imprégnation, le candidat a déjà en tête les idées majeures qui sont abordées dans les différents documents. C'est déjà très bien !

L'utilisation des feuilles de brouillon peut, si elle n'est pas accompagnée d'organisation, entraîner un effet d'imbroglio, qui risque de faire passer le candidat à côté de ses objectifs.

Il est conseillé dès cette étape relative à la lecture d'imprégnation, de dresser sur une première feuille de brouillon, l'ordre dans lequel vous vous proposez d'étudier minutieusement chaque document. Cette organisation vous permettra justement d'éviter de perdre du temps en commençant votre étude par les documents les plus difficiles à comprendre. Dès lors, il apparaît important de dresser un schéma d'analyse qui conduira d'abord le candidat à exploiter les documents qui lui paraissent moins techniques, avant de programmer de finir par ceux qui requièrent beaucoup d'attention.

3. La lecture approfondie accompagnée d'analyse

Ici commence le véritable travail de concentration qui devra permettre à terme, de séparer ce qui est beaucoup plus important de ce qui l'est moins. Certains formateurs ont ainsi pu parler d'étape d'analyse des documents.

Rappelons que l'étape précédente avait permis de repérer les grandes idées qui se dégagent de la lecture des documents

La lecture approfondie est accompagnée de prise de notes. Dans l'ordre d'analyse que vous aviez choisi de suivre pour exploiter vos documents, prenez chaque document et répertoriez sur des feuilles de brouillon prévues à cet effet, et paragraphe par paragraphe, les idées qui y sont émises. Ainsi, pour chaque document, le candidat répertoriera un ou plusieurs idées. Ainsi de suite, jusqu'à épuisement de tous les documents.

Au final, le candidat pourra avoir plusieurs idées directrices sur sa feuille de brouillon. Il faut maintenant titrer chaque fiche de lecture, d'une idée directrice.

A ce niveau, il s'agira maintenant de répartir ces différentes idées dans l'une des quatre fiches de lecture, représentant chacun une des quatre sous-parties du développement à traiter, à raison de deux grands parties pour tout le développement. Cette répartition sera faite en fonction du genre des idées :

EXEMPLE : « Causes / Manifestations / Solutions / Recommandations »[8]

---

[8] Abdoul Aziz DIAGNE, Guide pratique de rédaction administrative, juillet 2019

4. Le choix d'un plan

Il n'y a pas d'obligation d'un type de plan dans l'épreuve de note de synthèse. L'essentiel étant toujours d'adopter une démarche logique qui permettra au correcteur de relever que votre exposition des faits suit une démarche cohérente.

Les quatre fiches de lecture préalablement élaborées vont vous permettre de peaufiner la meilleure planification à adopter. Les quatre idées générales identifiées vous feront gagner un temps record si l'identification a été bien faite, c'est-à-dire si chacune traduit bien les idées directrices regroupées.

Il est préférable de donner un titre à chaque partie et à chaque sous-partie dans le plan, parce que dans la rédaction définitive, ces titres devront bien apparaître.

<u>EXEMPLE DE PLAN</u>

I. Les causes de la recrudescence des pandémies

I.1. Les causes historiques

I.2. Les causes actuelles

II. Les conséquences de l'évolution des pandémies

II.1. Les manifestations

II.2. Les solutions

5. La rédaction proprement dite

Le travail d'analyse et de réflexion n'est bouclé en réalité, qu'une fois le plan bien dégagé. Ce dernier constitue, irrémédiablement, la pièce maîtresse de votre devoir. Si elle est faussée, le devoir est raté.

A contrario, si elle est bien dégagée et si elle reflète dans un ordre logique les préoccupations prises en charge dans les documents, le candidat n'aura aucune difficulté à rédiger sans perdre une minute. Dans cette rédaction également, vos fiches de lecture qui avaient recueilli les idées directrices tirées des documents et groupés par domaine, vous serviront grandement. En réalité, vous n'aurez plus besoin des documents en tant que tels. D'ailleurs, y recourir vous ferez perdre un temps précieux. Sur la base de votre plan et de vos fiches de lecture, il vous sera facile de développer les idées, en partant des plus importantes aux moins pertinentes.

ATTENTION : Veillez bien à équilibrer les parties de votre devoir !

Le devoir épousera cette forme lorsque vous aurez fini de rédiger :

- ➢ **L'introduction** :
  - ✓ Une « phase d'attaque »[9] : le sujet est annoncé pour susciter l'intérêt du correcteur ;
  - ✓ Une « phase d'orientation »[10]: qui sert à poser le sujet, à l'expliquer pour mieux le cerner ;
  - ✓ Et une « phase d'annonce du plan »[11] : qui indique la démarche à suivre dans la démonstration. Il est conseillé de faire simplement une annonce de plan littéraire.
- ➢ **Le développement** : Il convient de mettre les titres des parties comme des sous-parties et les souligner / d'aménager des paragraphes / d'éviter les longues phrases /de prévoir des phrases de transition entre les parties / de soigner son écriture. Le développement doit ainsi être bâti autour de deux axes (Exemple : « les données du problème / la recherche de solutions »[12]).
- ➢ **La conclusion** : il faut retenir les grands axes thématiques d'une part, et mettre en exergue l'enjeu de la réflexion d'autre part.

---

[9] Ibid.
[10] Ibid.
[11] Ibid.
[12] Ibid.

6. Toujours se relire

Comme pour toutes les épreuves du concours, on ne le dira jamais assez, vous devez toujours relire votre travail avant de le rendre. La fatigue ne doit pas vous pousser à faire l'économie de cette dernière étape, ô combien importante. La relecture permettra de corriger les omissions et autres fautes d'inattention, qui pourraient vous occasionner des points en moins.

La remarque souvent faite à cette étape est que le temps imparti pour traiter l'épreuve est souvent quasiment épuisé lorsque le candidat n'a pas encore terminé la conclusion de son devoir. La pression du temps qui file littéralement, a des conséquences désastreuses pour les candidats qui n'ont pas su bien gérer le temps depuis la première étape. Il est important d'attirer l'attention du candidat sur la nécessité de se chronométrer lui-même lors de ses séances de préparation, et ce, pour arriver à avoir une bonne gestion du temps.

> **ATTENTION** ! Une des particularités de la note de synthèse est qu'un devoir non terminé peut parfois entraîner une mauvaise note !
> Le candidat ne pourra donc pas arguer de circonstance atténuante ni invoquer la clémence du correcteur pour une dernière ligne non rédigée.

F. L'ENTRETIEN AVEC LE JURY (durée: préparation de 30 mns, suivie d'un exposé de 10 mns, puis d'une discussion de 15 mns)

Une fois les résultats d'admissibilité affichés, les candidats sélectionnés sont convoqués par appels ou messages téléphoniques, pour leur communiquer le jour et l'heure de leur passage à tour de rôle devant les membres du jury.

Epreuve redoutée à tort, l'entretien n'en est pas moins fort important. Constituant la dernière étape à franchir avant d'espérer faire partie des quelques candidats définitivement admis au concours de l'Ecole nationale d'Administration (ENA), son passage nécessite de la part du candidat admissible, une certaine préparation et une bonne présentation. Vous devrez donc avoir à l'esprit, les deux frères jumeaux de tout exercice intellectuel sérieux: **le fond et la forme**.

Le fond se rapporte à l'ensemble des connaissances théoriques, disons à la culture générale que vous devrez avoir capitalisé pendant vos longs mois de préparation au concours. Il est inutile de rappeler que vous serez avant tout évalué sur vos connaissances à travers les réponses que vous apporterez aux différentes questions qui vous seront posées lors de l'entretien.

Quant à la forme, elle regroupe la qualité de l'expression et les attitudes dont vous devez faire montre, pour apparaître sous votre meilleur jour afin de laisser une impression agréable aux membres du jury.

De manière pratique, à l'entretien oral, encore appelé entretien avec le jury, le candidat fera face à un jury pluridisciplinaire, composé d'une quinzaine de membres, pour présenter un sujet qu'il va tirer au sort, pour ensuite répondre à des questions sur sa présentation mais aussi sur d'autres questions diverses. Il s'agit en quelque sorte d'un « exposé chronométré »[13].

---

[13] GENINASCA Fabienne, Entretien avec le jury, VUIBERT, 4ième édition

L'épreuve d'entretien avec le jury peut être divisée en plusieurs étapes qui nous paraissent fondamentales à expliciter pour la compréhension du candidat qui va le passer pour la toute première fois. Ces étapes sont: l'attente du candidat dans l'antichambre de la salle de préparation, l'introduction du candidat pour le tirage du sujet, la préparation du sujet, la présentation du travail devant le jury, la discussion avec le jury. Voyons maintenant chacune de ces étapes dans le détail :

1. L'attente du candidat dans l'antichambre de la salle de préparation :

Le candidat, qui a bien sûr pris le soin d'arriver au moins 30 minutes avant l'heure, est prié d'attendre son tour dans une salle d'attente aménagée à cet effet. Il y trouvera d'autres candidats comme lui, attendant eux aussi leurs tours. Le principal conseil à donner à cette étape, est de ne pas céder au TRAC. En effet, une attente plus ou moins prolongée peut provoquer une anxiété due à une montée d'adrénaline, chose qui est tout à fait normale. Disons-le clairement, le Trac est une chose parfaitement normale ; d'ailleurs, qui n'en a pas avant de « monter sur scène » ! Vous devez donc apprendre à gérer positivement ce stress : asseyez-vous tranquillement ou faites les cent pas si cela vous aide, mettez vos écouteurs et écoutez de la musique si vous voulez. Mais surtout, évitez de trop penser à ce qui risque de vous être demandé et sur ce que vous pourriez éventuellement y répondre. Cela ne sert à rien, sinon à mouiller vos habits de transpiration.

2. L'introduction du candidat pour le tirage du sujet :

C'est à votre tour d'entrer dans la salle où se trouve le jury. Une personne viendra vous chercher afin de vous introduire dans la salle. C'est le moment de donner une première bonne impression : faites preuve de politesse, de réserve mais aussi d'assurance. Evitez de montrer que vous êtes angoissé. Dès que vous franchissez le seuil de la salle, dites un « bonjour (mesdames) et messieurs les membres du jury! » audible, et suivez les instructions qui vous sont données. Un membre du jury vous invitera à vous approcher d'une table et à choisir un bout de papier parmi d'autres. Le sort vous désignera ainsi le sujet que vous devrez présenter. Une fois que vous choisissez votre sujet, la même personne vous demandera de le lire à haute voix afin que tous les membres du jury puissent le noter. Ne vous faites pas prier ! Ne balbutiez pas ! Et ne nasillez pas ! Lisez à voix haute, claire et limpide. Lecture faite, il vous sera demandé de retourner sur vos pas toujours avec votre bout de papier entre les doigts. Dites un « je vous remercie ! », puis marchez doucement et lestement vers la sortie, derrière la personne qui vous avait introduit.

3. La préparation du sujet (30 minutes) :

Vous venez de choisir un sujet au sort. Vous serez amené dans une autre salle afin de préparer votre petit exposé. J'insiste sur le mot « petit », car il ne s'agit pas en ce moment de vouloir faire une dissertation, d'ailleurs vous n'en aurez pas le temps ! Puisque vous avez peu de temps (le candidat a 30 minutes pour traiter son sujet avant de l'exposer), il est conseillé d'agir de manière synthétique et ordonnée: ne versez pas dans la phraséologie mais ne griffonnez pas des notes partout sur la feuille de manière brouillonne. Je m'explique : recopiez tout d'abord le sujet sur la feuille de brouillon qui vous sera donnée. Soulignez ensuite les mots-clés et concepts essentiels. A partir de ce premier travail, dégagez un plan d'exposé comme si vous faisiez un plan de dissertation (Introduction, Première partie, Deuxième partie…). Enfin, pour chaque titre de partie, faites un petit résumé des connaissances que vous allez exposer, en n'oubliant pas d'insérer des phrases de transition.

4. La présentation du travail devant le jury (15 minutes):

C'est l'heure de faire face avec le jury ! Vous vous rendrez compte en ce moment que les 30 minutes de préparation de votre exposé sont passées trop vite. La même personne qui vous avait introduit, va venir vous chercher pour vous introduire à nouveau. Une fois que vous entrerez dans la salle, le président du jury vous demandera de vous asseoir sur la chaise qui vous sera réservée, de manière à faire face à tous les membres du jury. Dites «merci   monsieur » et asseyez-vous. Vous serez alors invité à faire votre présentation. Soyez confiant ! Dites-vous que vous allez épater le jury qui a envie de vous entendre présenter votre travail. A ce niveau, il est important de souligner une vérité importante : les membres du jury ne sont pas vos ennemis ! Ils sont devant vous pour vous entendre exposer votre point de vue. Il est conseillé au début de votre présentation, sans que cela ne soit une obligation, de vous présenter et de parler un peu de votre cursus de manière sommaire. (*EX: Merci Monsieur le président et messieurs les membres du jury. Je souhaiterais d'abord, si vous me le permettez, me présenter : je me nomme X et j'ai fait mes études primaires et secondaires au lycée de Bambey. En 2008, j'ai obtenu mon baccalauréat au lycée de Bambey et j'ai été par la suite orienté à l'université Cheikh Anta DIOP de Dakar, au département de Français. Je m'en vais maintenant vous faire ma présentation sur le sujet suivant : La modernisation de l'Administration sénégalaise*).

Rappelez-vous d'une chose importante : Vos connaissances du sujet que vous développerez, sont aussi importantes que votre comportement lors de l'entretien : évitez de paraître trop crispé, de vous ronger les ongles et de croiser et de décroiser vos jambes de manière nerveuse. Au contraire, asseyez-vous confortablement sur la chaise, de préférence, le buste penché en avant et les mains posées sur la table, ne croisez pas les jambes. Toutefois, lors de vos explications, mettez un peu de gestuelle dans vos mains, sans en faire trop bien sûr ; sachez toujours faire montre de pondération et de tact.

5. La discussion avec le jury (15 minutes) :

Au bout de votre quart d'heure de présentation, il vous sera signifié que le temps est épuisé. Même si vous n'avez pas fini votre exposé, posez calmement votre feuille et dites « merci ». A cette étape, certains membres du jury vont prendre la parole pour apprécier d'abord le travail que vous avez fait. En termes simples, vous allez faire face à des critiques (une critique peut être positive comme négative). Naturellement, ce sont les critiques négatives qui vous donneront le plus l'impression d'une douche froide. Mais, ne commettez surtout pas les deux erreurs les plus blâmables : couper la parole à un membre du jury pour tenter de vous justifier lorsque ce dernier vous fait une critique et polémiquer sur une critique. De manière résumée : ne cédez surtout pas à la colère ! Au contraire, vous avez là une belle occasion de faire preuve d'humilité. Lorsque vous ne connaissez pas la réponse à une question, dites simplement : « je suis désolé, mais j'ignore la réponse à cette question » ou encore « veuillez me pardonnez, mais cette question m'échappe ». De même, quand vous ne comprenez pas le sens d'une question qui vous est adressée, n'ayez aucune gêne à dire : « excusez-moi, pouvez-vous reformulez la question ? ». Acceptez les critiques, même si vous n'êtes pas d'accord. Sachez même les tourner à votre avantage en acceptant qu'elles vous bonifient. Ce qui ne vous tue pas vous rend plus fort ! EX : « J'avoue que cette information ne m'était pas connue », « je vous remercie de me l'apprendre ».

Enfin, dernier conseil : Dans l'ensemble des débats, n'oubliez surtout pas d'être calme, de parler avec assurance, de mesurer les gestes de vos mains et pieds et de ne jamais montrer que vous êtes énervé.

Le jour du concours!

C'est enfin le jour du concours ! Vous avez véritablement passé beaucoup de temps à vous y préparer ! Vous vous sentez prêt (e) ! C'est super !

Cependant, ne faites pas l'économie de ces quelques conseils :

- ✓ Veillez à arriver sur les lieux très tôt (au moins 30 minutes avant l'heure à laquelle vous êtes convoqué). Arriver à retard à un examen ou à un concours, est toujours préjudiciable au candidat.
- ✓ Positivez le stress que vous ressentez. Le stress est une sensation normale et personne n'y échappe. Transformez-le en motivation supplémentaire.
- ✓ Au démarrage de chaque épreuve, prenez toujours un temps suffisant pour lire, relire et comprendre à la fois le sujet et la consigne.
- ✓ Soignez vos écritures. Votre devoir se doit d'être un œuvre d'art.
- ✓ Pendant les épreuves, gérez rigoureusement le temps. Vous n'avez pas toute une journée.
- ✓ Et enfin, dernier conseil : Relisez toujours deux ou trois fois votre copie avant de la rendre.

CONCLUSION

Elle ne sera pas longue. Surtout que le temps vous est compté ! La préparation n'attend pas.

BONNE CHANCE !

« Celui qui ne planifie rien, planifie son échec »

SOURCES

- **ABDELMALKI** Lahsen, la dissertation de culture générale pas à pas, DUNOD, 2017 ;

- **BECK** Pierre, la note de synthèse pas à pas, DUNOD, Paris, 2017 ;

- **DIAGNE** Abdoul Aziz Cours de rédaction administrative, formateur à l'Ecole nationale d'Administration du Sénégal, 2019 ;

- **GENINASCA** Fabienne, Entretien avec le jury, VUIBERT, 4ième édition ;

- **LUTZ** Sébastien, Méthodologie de la contraction de texte, en ligne ;

- **MYERS** Bernard, **PRIET** Benoît, **SOUDER** Dominique et **PELLETIER** Corinne, Le grand livre des tests psychotechniques de logique, de personnalité et de créativité, DUNOD, 2017 ;

- **NEGRELLO** Gilles, Méthodologie : le résumé ou contraction de texte, en ligne ;

- **WESTER-OUISSE** Véronique, Méthode de la dissertation juridique, en ligne ;

<u>**Outils numériques et autres**</u>

1- Compteurs de mots

https://www.compteurdelettres.com/mots.html

2- Logiciel pour résumer un texte

https://resoomer.com/

3- Copies pour s'exercer

Ecole nationale d'administration (Paris / Strasbourg). Service des concours et examens Sujets et meilleures copies des concours d'entrée 2019, 2018, 2017, 2016 et 2015 Disponible en ligne, sur le site internet de l'ENA.

- www.ena.sn

- Service de la scolarité de l'ENA du Sénégal (pour les annexes).

- Décret n° 2018-1907 du 09 octobre 2018 modifiant le décret n° 2011-1704 du 06 octobre 2011 portant création de l'Ecole nationale d'Administration (ENA) et fixant ses règles d'organisation et de fonctionnement.

- Décret n° 2011-1704 du 06 octobre 2011 portant création de l'Ecole nationale d'Administration (ENA) et fixant ses règles d'organisation et de fonctionnement.

- Décret n° 2011-1704 du 06 octobre 2011 portant création de l'Ecole nationale d'Administration (ENA) et fixant ses règles d'organisation et de fonctionnement.